_Lk ss._

FÊTE A AIGUESMORTES

A L'OCCASION

DU BANQUET

offert à

M. Adolphe VALZ,

Membre du Conseil général.

(*Extrait du* COURRIER DU GARD *du 27 Juin* 1861).

NIMES.

DE L'IMPRIMERIE CLAVEL-BALLIVET,
PLACE DU MARCHÉ, 8.

1861.

FÊTE A AIGUESMORTES

A L'OCCASION

DU BANQUET

offert à

M. Adolphe VALZ,

Membre du Conseil général.

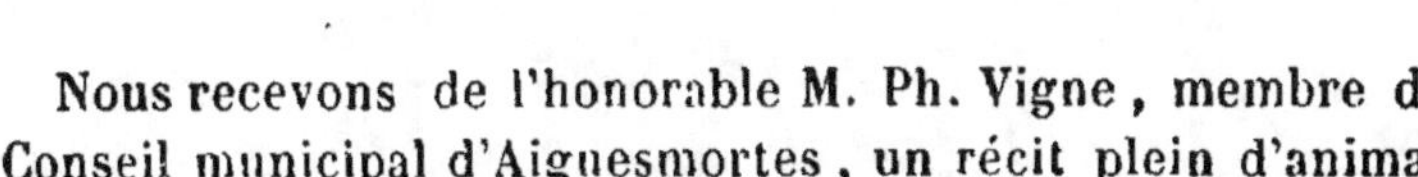

Nous recevons de l'honorable M. Ph. Vigne, membre du Conseil municipal d'Aiguesmortes, un récit plein d'animation et d'intérêt, de la fête qui a eu lieu, dimanche dernier, dans cette ville;

Fête commémorative, nous dit notre correspondant, du vote du chemin de fer, fête toute de famille, dans laquelle les habitants d'Aiguesmortes unis par une commune solidarité de cœur, excités par le vif sentiment de leur reconnaissance, ont tenu à le témoigner d'une manière spéciale à leur élu de 1858, à l'homme qui a sinon tout fait, du moins le plus fait pour obtenir le vote de la loi qui doit exercer sur leur avenir une si grande influence.

Acclamations enthousiastes, détonations d'armes à feu, fanfares, danses sur la place publique, cantate composée pour la circonstance par M. Ph. Vigne, et parfaitement exécutée par l'Orphéon de la localité, dont l'existence remonte à quelques mois à peine , et qui , sous la direction intelligente et dévouée de M. Reboul, promet d'occuper bientôt un rang honorable parmi ses frères aînés du département ;

Enfin , banquet , course de taureaux , illuminations avec transparents et inscriptions. — Rien n'a manqué , on le voit, à cette manifestation, qui dépasse , ce nous semble, la mesure ordinaire, et nous croyons sans peine notre spirituel et fidèle correspondant , quand il nous dit que ces démonstrations populaires de si bon aloi, ont produit sur celui qui en était l'objet l'impression la plus profonde.

Si la population d'Aiguesmortes est justement reconnaissante de ce que son honorable représentant a fait pour elle, depuis plus de quatre ans, nous ne doutons pas , qu'à son tour, M. Ad. Valz , ne conserve dans son cœur, un souvenir durable de la journée du 23 juin.

Au banquet, divers toasts ont été portés : le premier, à l'Empereur ! par M. le Maire, qui s'est exprimé en ces termes :

Messieurs ,

Je porte un toast à l'Empereur !

A l'éminent administrateur M. le Préfet du Gard.

Au Conseil général , à la ville de Nîmes , à M. l'ingénieur en chef du département.

Aux heureux défenseurs de nos intérêts dans les assemblées , dans les conseils de l'Empire, à M. de Sibert , à M. Pérouse , à M. Valz.

Depuis le jour où Aiguesmortes délaissée pour des cités plus heureuses , mais toujours fière d'un glorieux passé, voulut reconquérir son rang, tous nous avons compris qu'il fallait la rapprocher des centres de l'industrie et du commerce , qu'il fallait unir par un lien plus intime sa vie locale à la grande vie de la France. Cette noble ambition méritait d'être satisfaite ; cependant, comme toutes les causes justes, elle a longtemps lutté contre les préjugés, l'indifférence ou les rivalités.

Pour assurer son triomphe il a fallu l'heureuse alliance d'un pouvoir central ferme, actif, puissant pour le bien, et d'une députation dévouée.

A M. le Préfet l'honneur de l'initiative , à lui l'impulsion première, la haute direction , le bon vouloir infatigable , l'efficace et chaleureux concours. A lui les remerciments de la cité régénérée, l'hommage d'un dévouement sympathique et d'une inaltérable reconnaissance.

Faut-il rappeler les services rendus à la cause commune par nos représentants au Conseil général , au Corps législatif, au conseil d'Etat? Qui de nous , messieurs , a oublié le zèle intelligent , l'activité féconde de M. Valz? Depuis quatre ans il pense , il agit, il parle, il vit pour Aiguesmortes.

M. de Sibert a prêté son appui ; M. Pérouse a préparé la loi de notre réveil. Le souvenir de leurs bienfaits vit dans nos cœurs ; leurs noms seront pour jamais liés à l'histoire de notre chère cité.

Cependant tant d'efforts réunis seraient peut-être restés longtemps encore stériles sans un auguste et tout puissant patronage.

Plus nos mandataires luttaient de vigilance , plus les obstacles se dressaient contre leur entreprise.

Une manifestation décisive était nécessaire. L'élite de ces contrées, entraînée vers Paris par une émulation patriotique, guidée par ses députés, accueillie par un illustre ministre , a pénétré jusqu'au trône.

Celui qui préside depuis dix années aux destinées de la France, le pacificateur de l'anarchie , l'organisateur de la paix , le digne héritier du plus grand capitaine , le profond génie sur lequel reposent l'ordre, le progrès, le repos du monde , a daigné entendre lui-même nos vœux, étudier nos plans, lever les obstacles. Il n'a pas voulu que l'antique cité de St-Louis restât spectatrice inactive du grand mouvement qui transforme la France.

Il nous appelle à la vie commune , soutenus par cette main tutélaire qui s'étend aux confins les plus reculés de l'Empire.

Entrons, messieurs , avec confiance dans l'ère du progrès , et confondus dans une même pensée de gratitude et d'espoir, saluons aujourd'hui les nouvelles destinées d'Aiguesmortes par le cri national, par le cri de favorable augure : *Vive l'Empereur!*

D'autres toats ont été portés à M. de Sibert de Cornillon, conseiller d'Etat, au député de l'arrondissement, à M. l'ingénieur Aurès.

M. Gros a porté ensuite un toast spécial à M. le Préfet, et enfin M. Ph. Vigne à M. Ad. Valz dont nous sommes heureux de reproduire la réponse :

Messieurs,

En me rendant au milieu de vous, sur l'invitation que M. le Maire a bien voulu m'adresser en votre nom, il n'était pas difficile de pressentir quel accueil m'y attendait.

Je savais que je ne verrais ici que des visages riants et amis, que je ne sentirais près de moi que bienveillance et cordialité, et quand je songe à ce qui me vaut ces chères et précieuses manifestations de votre gratitude, il ne m'est pas possible de ne pas trouver que vous rendez plus que vous n'avez reçu.

C'est donc à la fois avec une certaine réserve que vous comprendrez, et la plus profonde reconnaissance, que je reçois, ici, sous tant de formes, les témoignages de votre sympathie particulière, et les démonstrations publiques des sentiments de la population d'Aiguesmortes à mon égard.

Mais laissons là ma personne et ce que vous inspirent de trop bienveillant pour elle les services que vous venez de rappeler. Ne nous occupons que du fait capital qui motive, en réalité, cette réunion, et nous fait éprouver à tous une satisfaction si complète et si légitime.

Nul ne sera tenté de m'accuser d'exagération, si je considère comme un grand événement pour la commune d'Aiguesmortes le vote du 24 mai, dont M. le Maire a été si heureux de vous apporter le premier la bonne nouvelle.

Ce vote, si ardemment désiré, si longtemps attendu, n'est-il pas le plus réfléchi, le plus ancien et le plus cher de vos vœux ; et quand je le vois accueilli par de pareils transports ; je me dis que nous ne pouvons nous méprendre sur son importance , ni en exagérer la portée.

Oui, Messieurs, en dépit des défiances de quelques esprits chagrins , je persiste à penser que le sentiment public ne se trompe pas et que nous ne sommes pas tous, ici, victimes d'une illusion, quand nous voyons poindre à l'horizon des jours meilleurs, quand nous avons foi dans la résurrection de cette cité, objet constant de votre sollicitude.

Les espérances que nous concevons , le tableau que nous nous traçons de l'avenir , sont-ils , d'ailleurs, à tel point exagérés qu'on puisse nous regarder comme des imaginations surexcitées , des utopistes et des rêveurs ?

Bien que juges dans notre cause , nous avons la prétention de rester raisonnables et modérés, et , toutes les fois qu'à Paris ou ailleurs , un examen sérieux a été fait de notre embranchement et de l'utilité qui peut en résulter pour tous , quel langage avons-nous tenu ?

Avons-nous représenté la ville d'Aiguesmortes comme destinée à devenir un port de commerce incomparable et de premier ordre ?

Avons-nous cru que la voie de fer demandée aurait , pour nous, la puissance d'une baguette magique et nous rendrait, sous peu, les heureux concurrents de nos opulents voisins ?

Toujours fidèles , nous le croyons , au bon sens et à la vérité , nous avons dit avec simplicité , mais avec une conviction profonde, que le port d'Aiguesmortes, malgré ses nombreuses imperfections et ses lacunes , malgré sa détresse actuelle, avait encore, par sa position même , une valeur qu'on ne pouvait méconnaître et qu'il importait de mettre à profit !

Sans y insister plus que de raison, nous n'avons pas craint de signaler l'intérêt qu'il y avait à multiplier les liens qui rattachent la France à son littoral méditerranéen , alors que ces liens peuvent s'établir tout naturellement et sans de trop grands sacrifices ; et quand , à propos de votre cité , dont les fortifications ne sont plus, aujourd'hui, qu'une admirable curiosité d'un autre âge , nous avons parlé d'une voie ferrée au point de vue de la protection de nos côtes et de la défense nationale, je vous certifie, Messieurs, que nous n'avons excité les sourires de personne.

Après avoir rappelé un passé prospère , et exposé la cause des misères du présent , voici comment a été envisagé l'avenir , sous le rapport industriel , commercial , économique , et l'on nous dira quelles exagérations on pourrait nous reprocher.

L'embranchement qui va nous lier au réseau des chemins de fer dū Midi de la France , place la ville d'Aiguesmortes en face de deux situations également possibles.

Une grande fortune , peut-être , ou un demi succès , qui n'est point à dédaigner.

Il se peut, avons-nous dit, que le port d'Aiguesmortes devienne, en peu de temps , par son rapprochement même des houillères du Gard , l'entrepôt préféré, presque forcé, des charbons nécessaires à la navigation, et que la marine nationale, militaire et marchande, trop souvent tributaire des houillères anglaises, ne cherche pas ailleurs ses approvisionnements ; tant est considérable , relativement à Marseille et à Cette , presque irrésistible, l'économie qu'on peut y réaliser , et qui doit s'accroître encore, si l'embranchement d'Aiguesmortes aboutissant à Aiguesvives, suivant l'avis du conseil des ponts et chaussées , a peu près adopté par le gouvernement, atteint directement , par Gajan , les mines de la Grand'Combe et de Bességes.

Les calculs si simples et si clairs de M. l'Ingénieur en chef Aurès , ont placé ce fait hors de toute contestation , et comme il n'est pas, en ce moment, de question plus importante et plus étudiée que celle des charbons à bon marché , pourquoi n'en recueillerions-nous pas le bénéfice , puisque nous en offrons la meilleure solution.

Comme les honorables rapporteurs du Conseil d'Etat et du Corps législatif , nous avons dit aussi que le port d'Aiguesmortes, en appelant à lui soit des minerais de cuivre et de plomb des provinces de Constantine , soit des minerais de fer d'Espagne et d'Algérie , qui viennent, aujourd'hui, par Marseille , alimenter les hauts-fourneaux d'Alais , verrait bientôt s'élever des industries spéciales, des entrepôts considérables, des maisons de commerce de toute nature, dont le développement influerait sur la prospérité de la ville de Nimes et du département tout entier , surtout si , par son prolongement désiré et promis , dans la direction de Rhodez et à travers nos Cévennes encore plus malheureuses que nous , notre embranchement devient la tête d'une artère joignant la mer au Grand-Central.

Nous avons ouvert hardiment toutes ces perspectives , et quand nous sommes arrivés à cette conclusion que le port d'Aigues-mortes si délaissé , pourrait bien devenir , un jour , un port d'un caractère spécial , un port nécessaire et de la plus grande importance pour le pays , on nous a écouté sans étonnement , et l'on a cru , probablement , à nos paroles , puisque nous avons réussi.

C'est là , messieurs , nous en convenons , le côté le plus brillant de l'avenir ; celui sur lequel nos yeux charmés se reposent avec le plus de complaisance ; mais, grace au ciel, nous n'en sommes pas éblouis au point de ne pouvoir regarder ailleurs.

Nous savons que tout ce qui est possible ne se réalise pas ; nous connaissons l'étendue de certains obstacles , la ténacité de quelques préventions, la puissance des habitudes prises ; mais sans nous faire aucune illusion, sans compter sur les plus rares faveurs de la fortune , ne peut-on reconnaître tout ce que doit exercer d'heureuse influence l'embranchement dont on vient de vous doter ? — Cette influence , messieurs , est incontestable ; que dis-je ? elle existe, et nous l'avons déjà ressentie.

N'est-ce pas , en effet , à cet embranchement non encore exécuté , qu'est dû le développement important que vont prendre les salins de Peccais, dont la production annuelle doit s'élever , sous peu, de 60,000 à 100,000 tonnes et accroitre, dans la même proportion , le travail qui manque à nos ouvriers ? Ne lui doit-on pas, si je ne me trompe , la récente allocation de 240,000 fr. sur les fonds de l'Etat, et à laquelle doivent s'ajouter des allocations supplémentaires destinées au prolongement et à la sûreté de la passe , en attendant que le chenal, insuffisant peut-être , trouve dans cet embranchement même, prolongé jusqu'au Grau , son auxiliaire naturel et son complément nécessaire ? Ne voit-on pas au Grau du Roi des terrains achetés avec empressement et revendus avec bénéfice ; des maisons dont la valeur a doublé ; des spéculateurs intelligents acquérant jusque sur le bord de la mer de vastes emplacements naguère abandonnés et sur lesquels des rues et des places se dessinent déjà sous nos yeux ? Ne voyez-vous pas enfin, de tous côtés , des indices rassurants ; ne sentez-vous pas les avant-coureurs d'une activité qui renait ?

Voilà ce que l'embranchement a déjà produit — Voici ce qu'il promet et ce qu'il donnera.

Plus de mouvement dans le port ; des navires en plus grand nombre chargés de bois, de minerais divers et emportant au retour soit de la houille, soit d'autres objets, des vins surtout dont il n'est pas possible qu'un port si rapproché de La Vaunage, des plaines de Lunel, de Marsillargues, Aimargues, St-Laurent et des coteaux renommés de St-Gilles et de la Costière, ne devienne pas, sous peu, le principal entrepôt.

Est-ce trop présumer de l'avenir que de fixer à 60 ou 80 mille tonnes le chiffre de ces échanges, qui dépassait, il y a 12 ans, sans le chemin de fer, la limite de 40,000 ?

L'industrie de la pêche ne sera-t-elle pas plus lucrative et plus recherchée ? Le commerce du poisson ne sera-t-il pas accru, facilité par la rapidité des transports ?

Sur l'une et l'autre rive du chenal, voyez ces établissements que, dans une généreuse émulation, la bienfaisance des deux cultes a fondés, que la bienfaisance maintient et qu'elle veut compléter et agrandir.

Voyez ces voyageurs et ces touristes qui, tentés par l'agrément et la rapidité du voyage, viendront en plus grand nombre, visiter ces contrées d'un caractère si original et si peu connu ; admirer vos richesses archéologiques, et, dans l'œuvre d'un grand artiste, l'image du plus pieux de nos Rois ; évoquer le souvenir de son dévouement tout chrétien à une cause qui n'est pas encore gagnée, et qu'à six siècles de distance, Napoléon III, lui aussi, vient de défendre ; apprendre enfin de vous, Messieurs, comment, dans la vieille cité de St-Louis, se comprennent et se pratiquent les saints devoirs de l'hospitalité.

Comptez ces baigneurs plus empressés que jamais, venant en rapides waggons demander à votre plage la fraîcheur et la santé, et amenant par leur affluence même, le bien-être et le comfort dont les enfants de ce siècle ne peuvent plus se passer.

Suivez de l'œil ces trains de plaisir qui sillonnent la plaine et transportent, bruyante et heureuse, près de ces remparts habituellement sévères et silencieux, la jeunesse des villages voisins, avide de déplacements et de distractions, non avare de ses deniers parce qu'elle est dans l'aisance, et faisant naître partout, sur son passage, l'entrain le plus communicatif et la plus franche gaieté.

A cet ensemble si vivant et si animé, joignez, si vous voulez, les chants harmonieux d'un de ces orphéons semblables à celui que vous venez de me faire entendre, si jeunes et déjà si connus, qu'une heureuse inspiration multiplie autour de nous , et qui seront bientôt le charme de nos fêtes et les compagnons de nos plaisirs.

Mais, ne vous y méprenez pas, ce tableau qui vous fait sourire, a ses côtés positifs et de palpables réalités.

Voilà , Messieurs , ce que j'appelais , tout à l'heure , la demi-fortune qui ne saurait vous échapper.

Des circonstances propices , nos efforts communs , des soutiens qui ne nous ont jamais manqué , doivent un jour la développer , et c'est en y songeant que nous sentons redoubler en nous cette confiance et cette ardeur sans lesquelles on n'arrive jamais à rien , parce qu'on n'ose jamais rien.

L'œuvre est ardue, elle commence, poursuivons-la jusqu'au bout, et bien que nous devions beaucoup à tous ceux qu'en un langage plein d'à-propos, M. le Maire signalait tout à l'heure à votre gratitude , ne craignons pas d'autres appels à une bienveillance qui ne s'épuisera pas.

Oui, Messieurs, demandons à l'Empereur et à son gouvernement , la continuation de sa haute protection ; au chef de ce département , M. Dulimbert , dont l'énergie nous a soutenus , dont la correspondance nous a guidés , sa puissante intervention et la sagesse de ses conseils ; à la députation , au Conseil général et à son honorable président; au directeur de la Compagnie de la Méditerranée , aujourd'hui l'un des représentants du département ; à tous ceux qui nous ont tendu la main , de nouveaux appuis. Enfin, Messieurs, aidons-nous nous-mêmes, et nous arriverons au but . et nous assurerons à cette population qui nous entoure , le bonheur qu'elle mérite si bien, par sa résignation dans les épreuves les plus longues et les plus dures, par son intelligence et son amour du travail , par sa modération , par ses sentiments vraiment religieux, non exclusifs de tolérance et de charité ; par le bon esprit qui l'anime , et qui en a fait aux époques les plus critiques de notre histoire politique (sans la pousser jamais au sacrifice d'aucune de ses convictions) , l'auxiliaire constant de la bonne cause , l'appui dévoué de l'ordre et de l'honnêteté.

La confiance qu'elle a mise en moi, qui ne me rattache à elle ni par les liens du même culte, ni par l'ancienneté des rapports ét des services rendus ; les suffrages dont elle m'a deux fois honoré m'ont touché profondément , comme vont droit à mon cœur , aujourd'hui , les vives expressions de sa gratitude.

Aussi , Messieurs , après avoir adressé mes remerciements les plus sincères et les mieux sentis :

A M. le Maire dont le concours à l'œuvre commune a toujours été si dévoué , et que sa bonne étoile a placé à la tête de cette cité quand de meilleurs jours se levaient pour elle ;

A celui de vous qui vient de se faire le bienveillant organe de vos sentiments pour moi ;

Aux membres du Conseil municipal et de la Commission du chemin de fer , parmi lesquels se trouve l'un de mes plus chers et de mes plus anciens collaborateurs à Paris ;

Joignez-vous à moi pour boire à la prospérité de la ville et du port d'Aiguesmortes , et au bonheur de ses habitants !

(Extrait du Courrier du Gard du 27 Juin 1861).

Nimes. — Typ. Clavel-Ballivet, place du Marché, 8.